DÉPARTEMENT DE LA SOMME

SERVICE VICINAL

RÈGLEMENT

pour le Service

DES CANTONNIERS

du Département de la Somme

AMIENS

IMPRIMERIE DU PROGRÈS DE LA SOMME

18, Rue Alphonse-Paillat, 18

—

1922

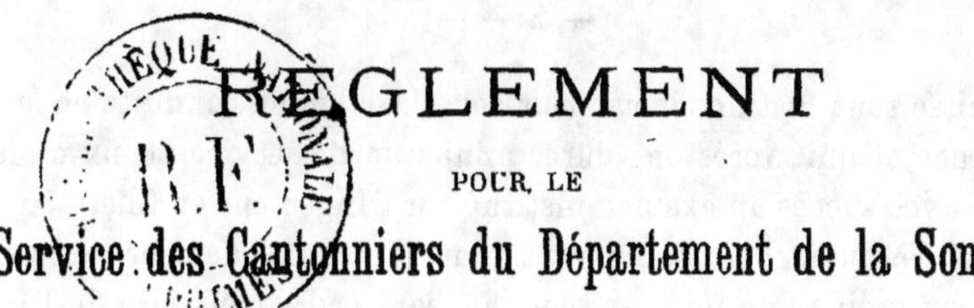

RÈGLEMENT

POUR LE

Service des Cantonniers du Département de la Somme

Article Premier. — *Définition du service des Cantonniers.*

Les cantonniers des chemins de grande communication du Département sont des ouvriers permanents, chargés de l'exécution de tous travaux concernant l'entretien des chemins, ainsi que des ouvrages et dépendances de ces voies.

Ils doivent obéissance, pour tout ce qui a rapport à leur service, aux Ingénieurs des Ponts et Chaussées, aux agents voyers et aux agents de l'Administration des Ponts et Chaussées, sous l'autorité desquels ils se trouvent placés.

Art. 2. — *Nomination.*

Les cantonniers sont nommés par le Préfet.

A défaut de candidats inscrits pour l'emploi de cantonnier sur les listes de classement, établies en exécution des lois et règlements relatifs aux emplois civils réservés aux anciens militaires, les nominations sont faites sur la présentation de l'Ingénieur en Chef.

Pour être nommé cantonnier, il faut :

1º Avoir satisfait aux lois sur le recrutement et être âgé de moins de 35 ans ;

2º N'être atteint d'aucune infirmité qui puisse s'opposer à un travail journalier et assidu ;

3º Avoir travaillé dans les ateliers de construction ou de réparation des chemins ;

4º Savoir lire, écrire et calculer ;

5º Fournir un extrait de son casier judiciaire.

Art. 3. — *Cantonniers-chefs.*

Les cantonniers peuvent être répartis en brigades dirigées par un cantonnier-chef, nommé par le Préfet sur la proposition de l'Ingénieur en Chef. Ce cantonnier-chef est, en principe, choisi parmi les cantonniers qui se sont distingués par leur zèle, leur bonne conduite et leur intelligence et qui, après une durée minimum de service de six mois, ont subi avec succès un examen institué par l'Ingénieur en Chef.

Les cantonniers-chefs parcourent toute l'étendue de leur circonscription au moins une fois par semaine, sauf ordre contraire de l'Ingénieur, suivant des itinéraires à des jours et heures variables, fixés par le subdivisionnaire ; ils s'assurent de la présence des cantonniers et les guident dans leur travail ; ils rendent compte de la marche du service ; enfin ils fournissent à leurs chefs tous les renseignements qui leur sont demandés.

Ils peuvent être momentanément employés à surveiller l'exécution de certains travaux et à en tenir les attachements.

Art. 4. — *Classement et rémunération des cantonniers.*

Les cantonniers ordinaires et les cantonniers-chefs sont divisés en cinq classes.

Leur classement est arrêté chaque année par le Préfet sur la proposition des Ingénieurs,.

Les salaires des cantonniers et chefs-cantonniers sont fixés par le Préfet sur la proposition de l'Ingénieur en Chef.

A ces salaires peuvent s'ajouter des indemnités de résidence, ainsi que d'autres indemnités pour travaux spéciaux; les unes et les autres sont fixées par le Préfet, sur la proposition de l'Ingénieur en Chef.

Les cantonniers bénéficient, en outre, des indemnités pour charges de famille déterminées par le Conseil général.

Art. 5. — *Signes distinctifs des cantonniers.*

Les cantonniers et cantonniers-chefs portent à leur coiffure un ruban ou une plaque avec l'inscription du mot « cantonnier » ou des mots « cantonnier-chef »,

Ces insignes sont fournis par l'Administration.

Il est remis à chaque cantonnier un guidon formé d'une tige ou d'un jalon divisé en décimètres et muni, à sa partie supérieure, d'une plaque indiquant le numéro du chantier ou du poste.

Ce guidon est planté à moins de 100 mètres de l'endroit où travaille le cantonnier.

Art. 6. — *Outils.*

Les cantonniers et chefs-cantonniers reçoivent de l'Administration, par l'intermédiaire du subdivisionnaire sous les ordres duquel ils sont placés, les outils et objets qui leur sont nécessaires ; il en est dressé un inventaire contradictoire dont l'original est conservé par le subdivisionnaire ; cet inventaire est transcrit sur le livret du cantonnier et signé par le subdivisionnaire.

Les cantonniers et chefs-cantonniers sont responsables de la conservation des outils et objets qui leur sont remis ; ils ne doivent les utiliser que pour les besoins du service.

Les frais d'entretien et de réparation sont à la charge de l'Administration, sauf dans le cas de négligence constatée.

En principe, les outils ne doivent être portés à la réparation, qu'en dehors des heures de travail ; à moins d'une autorisation formelle, la nécessité de remettre les outils en état ne peut, en aucun cas, être invoquée par un cantonnier pour justifier son absence sur le chantier.

Art. 7. — *Usage du vélocipède.*

Les cantonniers et cantonniers-chefs qui auront été autorisés à se servir, pour les besoins du service, d'un vélocipède leur appartenant recevront une indemnité de 90 francs pour première mise et de 15 francs par mois pour entretien.

Art. 8. — *Livret des cantonniers.*

Chaque cantonnier est pourvu d'un livret conforme au modèle arrêté par l'Administration.

Ce livret doit contenir notamment : un exemplaire du présent règlement ; l'indication des heures du commencement et de la fin du travail, ainsi que des repas, telles qu'elles sont fixées conformément à l'article 9 ci-après ; la liste des objets qui ont été remis au cantonnier par l'Administration.

Il est destiné à recevoir les notes sur le travail et la conduite du cantonnier, les ordres et instructions qui lui sont donnés et l'indication des travaux qui lui sont prescrits.

Il doit être visé, à chacune de leurs tournées, par les Ingénieurs et agents chargés de la surveillance des voies et ouvrages.

Il est conservé dans une enveloppe fournie par l'Administration.

Le cantonnier ne doit, sous aucun prétexte, se dessaisir de son livret.

Art. 9. — *Fixation des heures de travail.*

La durée du travail journalier, ainsi que les heures de présence, sont fixées par le Préfet, sur la proposition de l'Ingénieur en Chef.

Les cantonniers prennent leurs repas sur les chantiers, sauf autorisations spéciales données par leurs chefs et motivées par les circonstances locales.

Les heures de repas sont fixées par l'Ingénieur en Chef.

La durée totale des repas n'excède pas deux heures ; toutefois, pendant les grandes chaleurs, elle peut être portée à trois heures.

Art. 10. — *Déplacements temporaires des cantonniers.*

Les cantonniers et cantonniers-chefs peuvent être déplacés par leurs chefs, soit isolément, soit en brigades, lorsque les besoins du service l'exigent.

Ces déplacements donnent droit à des indemnités variables suivant le cas, qui sont fixées par le Préfet, sur la proposition de l'Ingénieur en Chef.

Art. 11. — *Présence obligée des cantonniers en temps de pluie, de neige, etc.....*

Les intempéries ne peuvent être un prétexte d'absence pour les cantonniers ; ils doivent même, dans ces cas, redoubler de zèle et d'activité pour prévenir les dégradations aux voies et ouvrages et assurer, en ce qui concerne notamment les chemins, une viabilité constante dans toute l'étendue de leur service ; ils sont autorisés à se faire des abris fixes ou portatifs qui n'embarrassent ni la voie publique, ni les propriétés riveraines, et qui soient en vue des chantiers, à moins de dix mètres de distance.

Art. 12. — *Assistance gratuite aux voyageurs.*

Les cantonniers doivent porter gratuitement aide et assistance aux voituriers et voyageurs, mais sans s'éloigner de leur poste, sauf en cas d'accident.

Art. 13. — *Surveillance en matière de police de voirie vicinale.*

Pour prévenir autant que possible, les infractions à la police de la voirie vicinale, les cantonniers doivent engager à se mettre en règle les riverains qui se disposeraient à exécuter sans permission des travaux interdits par les règlements ou subordonnés à une autorisation administrative préalable.

Ils doivent signaler sans retard, à leurs chefs, les réparations, constructions, plantations, dépôts de matériaux qui seraient faits, sans autorisation, ainsi que les autres contraventions, telles que dégradations, anticipations, etc.

Les frais de correspondance qui leur seraient occasionnés par ces avis ne restent en aucun cas à leur charge.

Les chefs-cantonniers doivent être assermentés pour concourir à la constatation des infractions aux règlements sur la police du roulage.

Art. 14. — *Permission d'absence et congés.*

Lorsque les besoins du service le permettent, les cantonniers peuvent être mis en congé, mais seulement s'ils en font personnellement la demande, soit verbalement, soit de préférence par écrit.

Pendant la durée de leurs congés, ils ne reçoivent pas le salaire mentionné à l'article 4.

Toutefois, un congé annuel de 12 jours payés peut être accordé aux cantonniers. Ce congé pourra être pris en une seule fois lorsqu'ils le demanderont et que les nécessités du service le permettront.

Ils doivent reprendre leur service exactement à l'expiration de leurs congés.

Les absences non autorisées entraînent déduction du salaire des journées pendant lequelles le cantonnier n'a pas travaillé, sans préjudice des sanctions disciplinaires prévues à l'article 18 ci-après.

Art. 15. — *Absences pour service militaire.*

Il est alloué à tout cantonnier, appelé sous les drapeaux pour une période d'instruction militaire, une indemnité égale à la moitié de son salaire, s'il est célibataire, à la totalité de ce salaire, s'il est marié ou s'il a des charges de famille.

Art. 16. — *Accidents, maladies.*

I. — Pour les accidents, dont les cantonniers seraient victimes à l'occasion de l'excercice de leurs fonctions, il est fait application des lois et décrets en vigueur ou à intervenir, notamment de la loi du 9 avril 1898, sauf en ce qui concerne les frais funéraires et les secours en cas de décès, pour lesquels il sera procédé conformément au paragraphe III. du présent article.

II. — Pour les maladies qui surviendraient aux cantonniers pendant la durée de leur service, il est fait application des dispositions ci-après :

a) Les cantonniers, qu'ils soient traités à l'hôpital ou à domicile, cessent de percevoir un salaire pendant la durée de l'interruption forcée de leur service.

Au maximum pendant un an, l'Administration leur rembourse les frais médicaux et pharmaceutiques jusqu'à concurrence des sommes prévues dans les tarifs périodiquement arrêtés par le Ministre du Travail en exécution de l'art. 4 de la loi du 9 avril 1898, modifiée par les lois du 31 mars 1905 et du 6 janvier 1921. Pendant la même période ils ont droit en outre à un secours égal à la moitié de leur salaire. Ce secours n'est accordé aux cantonniers soignés à l'hôpital, que s'ils sont mariés ou ont des charges de famille.

b) Le point de départ de la maladie, la durée de l'interruption obligée du travail et, dans le cas du paragraphe III. qui suit, les décès sont constatés par des certificats de médecins.

III. — Si le cantonnier succombe aux suites des accidents ou de la maladie, visés aux paragraphes I et II ci-dessus, l'Administration paye les frais funéraires jusqu'à concurrence d'une somme de cent cinquante francs (150 fr.).

Si le cantonnier décédé est marié ou a des charges de famille, il est alloué, savoir :

1º A sa veuve, un secours de deux cents francs (200) au moins et de trois cents francs (300) au plus ;

2º A ses enfants âgés de moins de seize ans, par mois pendant six mois, une somme de quarante francs (40) pour le premier enfant et une somme de dix francs (10) pour chacun des autres enfants.

IV. — Les dispositions du présent article ne sont pas applicables lorsque les accidents ou les maladies sont survenus pendant les congés ou les absences non autorisées, tels qu'ils sont prévus à l'article 14 ci-dessus.

Art. 17. — *Gratifications.*

L'ingénieur en Chef peut, sur la proposition de l'Ingénieur d'arrondissement, allouer dans le courant de l'année, des gratifications aux cantonniers ou cantonniers-chefs qui se distingueront par leur zèle et leur travail.

Le montant annuel de ces gratifications ne peut dépasser celui du salaire mensuel.

Les gratifications accordées à un cantonnier sont inscrites sur son livret.

La liste des gratifications accordées est communiquée en fin d'année au Préfet du Département.

Art. 18. — *Peines disciplinaires.*

Les cantonniers peuvent être frappés de peines disciplinaires pour inobservation du présent règlement, absence non autorisée, inexécution des ordres reçus, insubordination ou toute autre faute. Ces peines sont les suivantes :

1º. — L'avertissement.

2º. — La réprimande.

3º. — L'abaissement de classe.

4º. — La révocation.

L'avertissement et la réprimande sont infligés par l'Ingénieur en Chef, sur la proposition de l'Ingénieur ordinaire.

L'abaissement de classe et la révocation sont prononcés par le Préfet, sur la proposition de l'Ingénieur en Chef.

Les avertissements, les réprimandes et les abaissements de classe sont inscrits sur le livret du cantonnier.

Art. 19. — *Cessation de service.*

Les cantonniers ordinaires et les cantonniers-chefs cessent nécessairement leurs fonctions à l'âge de soixante-cinq ans.

Lorsqu'un cantonnier quitte son service, remise est faite au subdivisionnaire de son livret, de ses signes distinctifs, ainsi que des outils et objets qui lui ont été fournis par l'Administration. Il est opéré, sur ce qui lui reste dû, une retenue équivalente à la valeur de ceux des objets qui n'auraient pas été remis.

Art. 20. — *Retraites.*

En vue de la constitution d'une pension de retraite à leur profit et à celui de leur femme, les cantonniers subissent sur leurs salaires des retenues dont le produit est versé à la Caisse Nationale des retraites pour la vieillesse. Le montant de ces retenues, les bases de liquidation des pensions, ainsi que le taux des bonifications ou allocations complémentaires du Département, sont déterminés par les règlements spéciaux intervenus ou à intervenir à cet effet.

———

Dressé et proposé par l'Ingénieur en Chef du Département, soussigné, pour être mis à exécution à partir du 1er janvier 1922.

Amiens, le 19 août 1921.

Signé : MAGNIER.

2e DIVISION.

———

Vu et approuvé.

Amiens, le 22 octobre 1921.

Pour le Préfet de la Somme ;
Le Secrétaire Général,
Signé : LAURENT.

ANNEXE I.

Tableau de la journée de travail des Cantonniers.

DÉSIGNATION des mois.	HEURES		Nombre de repos.	HEURES des repos.	OBSERVATIONS.
	du commencement du travail.	de la fin du travail.			
Janvier	7 h. 30	4 h. 30	2	9.45 à 10 1 à 2	Lorsque les cantonniers ordinaires et les cantonniers-chefs sont attachés soit comme ouvriers, soit comme surveillants à un chantier sur lequel l'Administration emploie d'autres ouvriers que des cantonniers, ils suivent les heures de travail et de repos de ce chantier.
Février	7 h.	5 h.	2	d°	
Mars	6 h. 30	6 h.	2	9.30 à 10 1 à 2	
Avril	6 h.	6 h. 30	3	8 30 à 9 midi à 1 4 à 4.30	Les cantonniers chefs doivent consacrer à l'entretien de leur canton particulier le temps que leur laissent disponible leurs tournées de surveillance et les travaux spéciaux qui leur sont commandés par l'Agent subdivisionnaire.
Mai	6 h.	7 h.	3	8 30 à 9 12 à 1.30 4 à 4.30	
Juin	6 h.	7 h.	3	d°	
Juillet	6 h.	7 h.	3	d°	
Août	6 h.	7 h.	3	d°	
Septembre . .	6 h.	6 h.	3	8 30 à 9 midi à 1 4 à 4.30	
Octobre. . . .	6 h. 30	5 h.	2	9.30 à 10 1 à 2	
Novembre. . .	7 h.	4 h. 30	2	9.45 à 10 1 à 2	
Décembre. . .	7 h. 30	4 h. 30	2	d°	

ANNEXE II.

Indemnités de déplacement, de découcher, indemnités diverses.

(Arrêté préfectoral du 14 septembre 1920).

I. — Cantonniers ordinaires.

Indemnité de déplacement hors du canton
- de 3 k. à 6 k. de la résidence, par jour . 1 fr. » »
- de 6 k. à 10 k. de la résidence, par jour . 2 fr. » »
- à plus de 10 k. de la résidence, par jour . 3 fr. » »

Indemnité de découcher *effectif*, par jour . . . . 6 fr. » »

Les indemnités de déplacement de 1 fr., 2 fr., et 3 fr. ne sont dues que lorsque les cantonniers sont employés *hors de leur canton* : celle de 3 fr. ne doit être donnée qu'aux cantonniers qui sont en mesure d'arriver sur le chantier à l'heure réglementaire, frais et dispos, par exemple à ceux qui peuvent arriver en chemin de fer ou à bicyclette ; les autres doivent découcher quand la distance de déplacement dépasse 10 kilomètres.

Les distances sont comptées à partir du centre de la commune ou du hameau où réside le cantonnier.

Les cantonniers doivent découcher toutes les fois que l'ordre leur en est donné par l'Agent subdivisionnaire ; ils ont droit, dans ce cas, à l'indemnité de 6 francs, même sur leur canton. Cette indemnité ne se cumule jamais avec une indemnité de déplacement.

II. — Chefs-cantonniers.

Indemnité de déplacement pour chaque tournée de plus de 15 kilomètres hors de la circonscription . . . . . . 1 fr. 50

Indemnité pour surveillance de chantiers ou d'ateliers, par jour . . . . 1 fr. 50

Indemnité de découcher *effectif*, par jour . . . . . . 6 fr. » »

Les chefs-cantonniers n'ont droit à aucune *indemnité de déplacement*, dans leur circonscription.

L'indemnité pour surveillance de chantier leur est allouée, même dans leur circonscription, lorsqu'ils ont à surveiller un chantier ou

un atelier (de cylindrage, par exemple) qui exige leur présence conti-
nuelle du commencement à la fin de la journée.

Hors de la circonscription, cette indemnité se cumule avec l'indemnité de déplacement de 1 fr. 50 quand le trajet parcouru chaque
jour hors de la circonscription, dépasse 15 kilomètres.

Les chefs-cantonniers reçoivent l'indemnité de découcher toutes
les fois qu'ils découchent effectivement sur l'ordre de l'Agent subdivisionnaire ; cette indemnité ne se cumule ni avec l'indemnité de surveillance de chantiers, ni avec l'indemnité de déplacement.

RÈGLEMENT

RELATIF AUX VERSEMENTS A EFFECTUER

A LA

Caisse Nationale des Retraites pour la Vieillesse

PAR LES CANTONNIERS

des Chemins de grande communication du Département de la Somme.

NOUS, PRÉFET DE LA SOMME,
Officier de la Légion d'honneur et de l'Instruction publique,

Vu la délibération prise le 18 août 1897 par le Conseil Général de la Somme ;
Vu la loi du 30 janvier 1884 ;
Vu la loi du 20 juillet 1886 ;
Vu le décret du 27 décembre 1886 ;
Vu les décrets des 20 et 28 décembre 1886 ;
Considérant qu'il importe de faire profiter du bénéfice des dispositions résultant des lois et décrets ci-dessus visés, les cantonniers du service des chemins vicinaux de grande communication et de leur assurer ainsi, au moyen de retenue sur leurs salaires, la possession de rentes viagères pour l'époque à laquelle ils deviennent impropres au service ;
Sur les propositions de M. l'Ingénieur des Ponts et Chaussées, Agent voyer en chef,

, ARRÊTONS :

Article premier. — A l'avenir, et à dater du 1er janvier 1898, les cantonniers du service des chemins vicinaux de grande communication, de tout âge, de toute classe et de tout grade, employés sur lesdits chemins, subiront sur leur salaire une retenue dont le produit sera versé à la Caisse Nationale des Retraites pour la Vieillesse.

Article 2. — La retenue est fixée au vingtième du salaire, ledit vingtième augmenté ou diminué, s'il y a lieu, de la moindre quantité nécessaire pour former annuellement un multiple de 4 francs.

Article 3. — Un dixième de la retenue ainsi fixée est retranché du salaire de chacun des cinq premiers mois de chaque semestre commençant le 1er janvier et le 1er juillet, quelles que puissent être d'ailleurs les variations accidentelles de ce salaire.

En cas d'insuffisance dudit salaire pour le prélèvement de la retenue, cette retenue est portée sur le mois suivant.

Article 4. — Les cantonniers sont soumis à la retenue à partir du premier mois de leur nomination.

Article 5. — Les cantonniers pourront s'imposer des retenues supplémentaires, qui seront versées à la Caisse des Retraites avec les retenues obligatoires. Elles seront assujetties à la condition de former annuellement un multiple de 1 franc.

Dans ce cas, le Département prélèvera sur le crédit affecté à l'entretien des chemins une somme égale à la retenue supplémentaire, et la versera dans la Caisse nationale des Retraites au nom des cantonniers.

Le versement du Département ne pourra toutefois, en aucun cas, dépasser 4 francs par semestre et par cantonnier.

Article 6. — Les retenues obligatoires ainsi que les retenues volontaires que les cantonniers peuvent s'imposer, sont défalquées de leurs décomptes mensuels et les restes seuls leur seront directement payés.

Article 7. — Les retenues sont mandatées collectivement par chemin et par semestre, au nom de l'Agent voyer intermédiaire chargé d'en opérer le versement à la Caisse nationale des retraites pour la vieillesse. Ce versement doit être effectué dans le courant des 1er et 3e trimestres de chaque année.

Article 8. — Les versements sont accompagnés d'un bordereau des sommes versées au nom de chacun des déposants.

Des bordereaux distincts sont dressés pour les anciens et les nouveaux déposants.

L'Agent voyer intermédiaire se conformera d'ailleurs aux prescriptions de l'Instruction générale du 1er août 1877 sur le service de la Caisse des Retraites.

Article 9. — (Nouveau texte approuvé par arrêté préfectoral du 27 avril 1909 et applicable aux cantonniers nommés à partir du 1er janvier 1909).

Les versements sont faits à capital aliéné.

L'âge normal de l'entrée en jouissance de la pension est fixé pour le cantonnier à soixante ans. L'entrée en jouissance de la pension est ajournée jusqu'à soixante-cinq ans, lorsque, sur sa demande, le cantonnier est maintenu en activité après soixante ans.

Toutefois, si le cantonnier quitte l'Administration avant soixante-cinq ans, il a le droit d'obtenir la liquidation de sa pension à toute année d'âge accomplie de soixante et un à soixante-quatre ans.

L'entrée en jouissance de la pension de la femme du cantonnier doit coïncider avec l'entrée en jouissance de la pension du mari, à moins qu'à cette époque la femme n'ait dépassé soixante-cinq ans ou n'ait pas encore atteint cinquante ans.

Article 10. — Les livrets de versement sont conservés dans les bureaux de l'Agent voyer en Chef. Ils ne sont remis aux cantonniers qu'à leur sortie du service, ou pour la liquidation de leur pension.

Les retenues non versées au moment de la remise des livrets sont rendues aux ayants droit.

Article 11. — Un exemplaire du présent arrêté sera remis à chaque cantonnier.

Article 12. — M. l'Agent voyer en Chef du Département et M. le Trésorier-Payeur général du Département sont chargés, chacun en ce qui le concerne, de l'exécution du présent arrêté.

Fait à Amiens, le 20 août 1897.

Le Préfet,

Signé : BARDON.

RÈGLEMENT ORGANIQUE

Pour la bonification des pensions de retraites des cantonniers du département.

———

Le Préfet de la Somme,
Officier de la Légion d'honneur et de l'Instruction publique,

Vu la décision du Conseil Général du 26 août 1904 concernant la majoration des pensions de retraite des cantonniers du Département ;

Vu les nouvelles délibérations du Conseil Général en date des 21 avril et 22 septembre 1909 sur le même objet ;

Vu la loi du 21 mai 1836, l'Instruction générale du 6 décembre 1870 sur le service des chemins vicinaux ;

Vu les propositions de M. l'Ingénieur en Chef du Département en date du 8 juillet 1909.

ARRÊTE :

Article premier. — Les cantonniers des chemins de grande communication qui quitteront le service postérieurement au 1er janvier 1910, dans les conditions d'âge fixées chaque année par le Conseil général, auront droit à une bonification de rente qui ajoutée à la pension du cantonnier, s'il est célibataire ou veuf, ou à l'ensemble des pensions du cantonnier et de sa femme, s'il est marié, forme une pension totale déterminée ainsi qu'il est dit à l'article ci-après.

Article 2. — La pension totale assurée par le Département est basée sur la moyenne du salaire normal des six dernières années de service les plus productives.

Le salaire annuel est compté sans déduction des retenues versées à la Caisse Nationale des retraites pour la vieillesse ni de celles opérées pour absences régulières ou maladie.

La pension totale est calculée, pour chaque année de services effectifs, à raison d'un soixantième du salaire moyen annuel défini comme il est dit-ci-dessus, sans toutefois pouvoir excéder la fraction de ce salaire moyen qui sera fixée, chaque année, par le Conseil général.

L'entrée en jouissance de cette bonification coïncidera avec la cessation des services.

Article 3. — Pour avoir droit à la bonification, les cantonniers devront avoir accompli au moins vingt ans de services effectifs, à partir de l'âge de 21 ans, comme cantonniers des chemins de grande communication du Département.

Toutefois, les deux conditions d'âge et de services ne seront pas exigées pour les cantonniers qui auront obtenu une pension de retraite par application de l'article 11 de la loi du 20 juillet 1886.

Article 4. — Lorsqu'un cantonnier sera marié au moment de son départ, la bonification de rente constituée par le Département sera répartie entre le mari et la femme proportionnellement à la pension de chacun.

Article 5. — Lorsque la femme d'un cantonnier retraité dans les conditions du présent règlement viendra à décéder, il sera constitué au profit du mari survivant une bonification complémentaire égale à la pension totale dont jouissait sa femme, sans toutefois que la pension totale du mari puisse de ce chef excéder 360 francs.

Article 6. — Lorsqu'un cantonnier retraité, dans les conditions du présent règlement et marié viendra à décéder, il sera constitué au profit de sa veuve une bonification supplémentaire suffisante pour porter la pension de cette veuve aux deux tiers de la pension déterminée ci-dessus pour le cas de survie du mari. Cette bonification complémentaire ne pourra toutefois dépasser le montant de la pension dont la femme jouissait à la mort de son mari.

Article 7. — Les cantonniers et femmes de cantonniers retraités dans les conditions du présent règlement recevront, chaque fois que, pour une cause quelconque, les dates d'entrée en jouissance de la pension ne coïncideront pas avec la date de cessation des fonctions, une allocation complémentaire exactement équivalente à la perte par eux subie de ce fait. Toutefois, pour les cantonniers qui, après leur admission à la retraite, seront occupés à titre d'auxiliaires, le paiement de cette allocation sera suspendu pendant le temps qu'ils seront ainsi occupés.

Article 8. — Les cantonniers entrés au service avant le 1er janvier 1898 devront, pour avoir droit au bénéfice des présentes dispositions, aliéner les versements à la Caisse Nationale des Retraites pour la vieillesse qu'ils ont fait autrefois à capital réservé et ajourner à 65 ans l'entrée en jouissance de leurs pensions.

En outre, ceux d'entre eux qui, antérieurement au 1er janvier 1898, ne subissaient pas la retenue de 5 % sur le montant de leur salaire, devront faire le versement supplémentaire de 4 francs par semestre prévu par l'article 5 du règlement du 20 août 1897.

Article 9. — Pour le calcul des diverses bonifications, il sera tenu compte de toutes les rentes servies par la Caisse des Retraites pour la Vieillesse, que ces rentes proviennent de versements obligatoires ou de versements volontaires ; il sera, en outre, tenu compte des majorations accordées en vertu de la loi du 31 décembre 1895, pour le calcul des bonifications de survivance.

Article 10. — Il sera fait face aux dépenses nécessitées par l'exécution tant de la décision du Conseil général du 26 août 1904 que du présent règlement au moyen de l'allocation inscrite pour cet objet au budget départemental et, en cas d'insuffisance de cette allocation, au moyen de prélèvements sur le crédit de secours aux anciens cantonniers et à leurs veuves et sur les crédits d'entretien.

Article 11. — Les cantonniers qui seront obligés par leur état de santé de cesser leurs fonctions avant de pouvoir bénéficier des présentes dispositions, seront congédiés d'office et recevront un premier secours sur la caisse de leur chemin. Ils pourront ensuite bénéficier de secours annuels imputés sur le crédit spécial ouvert à cet effet au budget du Service vicinal.

Mesures d'exécution.

Article 12. — Les cantonniers retraités dans les conditions du présent règlement, leurs femmes ou leurs veuves recevront un carnet à souche (modèle A) qui leur sera délivré gratuitement par les soins de l'Ingénieur en Chef du Département. Chaque carnet portera un numéro d'ordre ; il énoncera les nom, prénoms, domicile, lieu et date de naissance du titulaire.

En cas de perte de son carnet, le titulaire devra en faire immédiatement la déclaration par écrit à l'Ingénieur en Chef, qui lui en délivrera un duplicata portant le même numéro d'ordre.

Article 13. — Chaque année, *dans les premiers jours des mois de janvier, avril, juillet et octobre*, les cantonniers retraités, leurs femmes ou leurs veuves devront détacher de leur carnet individuel un feuillet relatif à la demande de paiement de la bonification de pension pour le trimestre échu, et s'il y a lieu, des arrérages non réclamés.

Le certificat de vie, libellé au verso de la demande devra être dûment rempli et certifié par le Maire de la commune dans laquelle l'ayant droit aura fixé sa résidence.

La demande sera ensuite adressée à l'Ingénieur en Chef avant le 10 du mois, toute demande reçue après cette date sera ajournée au trimestre suivant.

Ces demandes serviront à l'établissement des propositions de paiement qui devront nous parvenir le 15 du mois. Les propositions seront présentées sous la forme d'un bordereau nominatif avec certificat de paiement (modèle B).

Il sera tenu en outre, par les soins de l'Ingénieur en Chef, un registre matricule des pensions bonifiées (modèle C).

Article 14. — Conformément à l'article 2277 du Code civil, les arrérages non perçus seront prescrits au bout de cinq ans.

En aucun cas, les arrérages non réclamés ne donneront droit au paiement d'intérêts.

Article 15. — Il sera rendu compte tous les ans au Conseil général, dans sa deuxième session ordinaire, des résultats de l'application du présent règlement dans l'année précédente.

Article 16. — M. l'Ingénieur en Chef du Département est chargé d'assurer l'exécution du présent arrêté qui sera inséré au *Recueil des Actes administratifs* de la Préfecture de la Somme.

Amiens, le 12 octobre 1909.

Le Préfet de la Somme,

Signé : BOUFFARD.

2979 D. — Amiens, Imp. du Progrès de la Somme. — N° 711.

www.ingramcontent.com/pod-product-compliance
Lightning Source LLC
LaVergne TN
LVHW020501060726
842525LV00005B/1844